AF360636

LE PARASITE

EN DÉFAUT,

OU

LA SAINT LOUIS

AU VILLAGE.

LE PARASITE

EN DÉFAUT,

OU

LA St. LOUIS AU VILLAGE.

Bluette en un acte, mêlée de Couplets.

BOUQUET

OFFERT PAR LA RECONNAISSANCE ET L'AMITIÉ,

LE 25 AOUT 1819,

A Monseigneur le Duc d'AUMONT (Louis), Pair de France, premier Gentilhomme de la Chambre du Roi, Lieutenant-Général de ses Armées, Gouverneur de la huitième Division militaire, Président de la Société des Amis des arts, etc., etc., etc.

Représentée à l'Hôtel d'Aumont le 23 Août 1819.

PARIS,
IMPRIMERIE DE SÉTIER.

1819

PERSONNAGES.

DINENVILLE , parasite.

Le Bailli.

BASTIEN , jeune Paysan promis à Justine.

Un Paysan.

JUSTINE , Paysanne vive, un peu coquette,
promise à Bastien.

AGLAÉ , jeune Paysanne riche, élevée à la
ville.

CHARLOTTE , femme âgée, bavarde, et Concierge du château.

Paysans et Paysannes.

(*La Scène se passe dans un château des
environs de Paris. Le théâtre représente un
salon.*)

LE PARASITE

EN DÉFAUT.

SCÈNE PREMIÈRE.

AGLAÉ, JUSTINE, CHARLOTTE, Villageois *apportant des guirlandes de fleurs.*

AGLAÉ.

Allons, mes amis, dépêchez-vous, hâtons ces préparatifs, la fête sera gaie, elle exprimera notre joie et l'amour que nous inspire notre bon Seigneur. Lorsque le cœur fait tous les frais, comment ne pas s'exprimer avec éloquence, le sentiment alors coule de source, il anime le discours et lui donne une énergie particulière. Le 25 août est une double fête pour nous, puisque c'est celle du Roi et du Seigneur de cette terre, Monseigneur le Comte Louis, le Père des villageois. N'oublions jamais, mes amis, les bienfaits que nous avons reçu de lui et acquittons la dette de la reconnaissance et de l'amour. Qui mérite plus d'être aimé que Monseigneur !

3*

Air du vaudeville des *Scythes*.

A l'amitié toujours fidèle,
Modeste autant que généreux,
Des soldats il est le modèle,
Et tend la main aux malheureux ;   *bis.*
Les ennemis connaissent sa vaillance
Et les amours chérissent sa gaîté,
Il saurait vaincre ou mourir pour la France,
Comme il sut vaincre et charmer la beauté. *bis.*

Chaque jour, depuis son enfance,
Fut signalé par un bienfait,
Et malgré sa trop longue absence,
Nous rendre heureux fut son souhait.   *bis.*
Le ciel, enfin, cessant d'être sévère,
A de nos vœux entendu les accens,
Et Monseigneur, que tout ici révère,
Par son aspect vient énivrer nos sens.   *bis.*

JUSTINE.

Tu viens d'exprimer notre pensée, ma chère
Aglaé, cette journée a cependant un charme
de plus pour moi, ce soir je dois être fiancée
à Bastien, Monseigneur l'a promis et l'on sait
qu'une promesse faite par lui c'est la réalité elle-
même.

Air : *N'en demandons pas d'avantage.*

Chaque jour comblant nos souhaits,
L'honneur seul dicte son langage,
De sa bonté de ses bienfaits,

Sa parole est le meilleur gage,
Crois-en mon aveu :
Il nous promet peu,
Mais il tient toujours d'avantage.

Pendant ce dialogue les paysans posent des guirlandes.

CHARLOTTE à *Justine.*

Vous allez jouir du vrai bonheur, quant à moi qui suis vieille, je n'ai plus que celui du souvenir ; mais celui-là a bien son prix. Toutes les années je me sens rajeunir à la Saint-Louis, et je me crois capable de danser comme dans mon jeune tems.

Air : *Il y a cinquante ans et plus.*

Mes attraits évanouis
Attristent mes destinées !
Pourtant cette Saint-Louis
M'enleve au moins(*bis*)dix années.
Que cette fête, de suite,
Revienne cinq ou six jours,
J'aurai rattrapé bien vite
L'heureux tems de mes amours.   *bis.*

JUSTINE.

Les plaisirs simples du village sont de tous les âges, bonne Charlotte, (*avec intention*) et nous comptons sur vous pour ouvrir le bal.

CHARLOTTE , *en colère.*

Qu'est-ce à dire? me croyez-vous trop âgée pour donner l'exemple , il n'en est rien et si M. Bastien y consent je danserai avec lui.

JUSTINE.

Ah! c'est différent , il ne danse qu'avec moi.

CHARLOTTE.

Eh bien ! gardez-le pour vous toute seule , à défaut de ce beau Monsieur , j'en trouverai un autre et certes dans ce village il n'en manquera pas.

JUSTINE.

Vous, en manquer..... à vous, bonne Charlotte? non sans doute; il s'en trouvera, gardez-vous d'en douter.

CHARLOTTE.

J'y compte, Mademoiselle. *(Charlotte veut sortir.)*

JUSTINE.

Sans rancune, Madame la Concierge, vous ne m'en voulez pas, j'espère?

CHARLOTTE.

Dieu m'en garde , pas plus de rancune que

sur la main, ah ! je ne peux plus danser, nous verrons, nous verrons. (*Elle sort.*)

SCÈNE II.

Les Précédens , *excepté* CHARLOTTE.

JUSTINE.

Mais je ne vois pas Bastien, pourquoi n'est-il pas ici ?

AGLAÉ.

Il prépare les bouquets et médite sans doute quelque nouvelle surprise.

JUSTINE.

Pour toi, n'est-ce pas ? car Bastien est un peu volage et si Monseigneur n'avait pas ordonné, le perfide pourrait peut-être bien porter ailleurs ses hommages.

AGLAÉ.

Tu crois.

JUSTINE.

J'en suis certaine, et je gage à ton air, que tu en es convaincue, c'est naturel puisque tu as été élevée à la ville, tu es plus faite que moi pour fixer un volage ; aux champs nous sommes un peu niaises, dans les salons de Paris on apprend à plaire , à charmer, le naturel enfin fait place à la coquetterie, et avoue-le , Aglaé , quel est l'homme qui n'est pas dupe du manège d'une..... jolie personne qui veut le captiver ? malgré ce grand avantage qu'on acquiert dans la capitale, j'aime mieux conserver mon air villageois.

Air d'Haguenier.

Si vous avez la sagesse en partage ,
Cette vertu si chère à la pudeur,
Sachez, au moins, dès votre plus jeune âge,
La conserver dans toute sa candeur.   *bis.*
Pourquoi chercher à farder la nature ,
A déguiser son esprit, sa figure ?
La vérité suivit toujours vos pas ,
    Ne changez pas.   *bis.*

AGLAÉ.

Je conviens de la justesse de tout cela ; mais. . . . .

Sans craindre aussi de cesser d'être sage,
Il est permis de polir ses discours,
L'amour naïf, qui séduit au village,
Peut essayer de plaire dans les Cours ; *bis.*
La fleur des champs nouvellement éclose
Nous plaît beaucoup , mais on chérit la rose,
Et l'une et l'autre ont bien assez d'appas,
    Ne changeons pas.   *bis.*

JUSTINE.

Effectivement on est toujours sage quand on
le veut bien.

JUSTINE et AGLAÉ.

De la vertu parler le doux langage,
Avoir bon cœur, sans nul soupçon jaloux,
Un peu de bien, la sagesse en partage,
Doivent suffire au bonheur des époux. *bis.*
Lorsque l'Amour par l'Hymen vous allie
A jeune fille et sensible et jolie,
Si vous voulez, maris, plaire ici bas,
Ne changez pas. *bis.*

JUSTINE.

Puisque vos guirlandes sont posées retirez-
vous, mes amis, mais soyez prêts au premier
signal. (*Ils sortent.*)

SCÈNE III.

AGLAÉ, JUSTINE, CHARLOTTE.

CHARLOTTE. (*Elle entre du côté opposé.*)

Mesdemoiselles, voici monsieur Bastien qui
apporte les bouquets et qui les arrange dans la
galerie ; il m'a demandé en entrant si Ma-

demoiselle Justine était ici : — Oui lui ai-je répondu, elle y est ainsi que Mademoiselle Aglaé. — Quoi toutes les deux ?... et sans doute elles s'impatientent de mon absence ?

JUSTINE.

Le fat.

AGLAÉ.

Le suffisant.

CHARLOTTE.

— Ah ! il vous en faut deux , M. Bastien, ai-je continué, fi que c'est laid, pouvez-vous aujourd'hui penser à autre chose qu'à la fête qui se prépare ?

JUSTINE , *l'interrompant.*

Abrégez Charlotte, et dites ce qu'il vous a répondu.

CHARLOTTE.

Ma foi puisque vous êtes tant pressée, Mademoiselle , demandez le vous-même à M. Bastien. (*Elle s'approche de la porte et dit en criant :*) Entrez , M. Bastien, entrez, vous êtes attendu avec impatience, Mademoiselle Justine veut vous faire une question.

AGLAÉ.

Quelle étourderie.

JUSTINE.

Je vais ranger ce volage à son devoir.

CHARLOTTE.

Vous en êtes la maîtresse, Mademoiselle, puisque vous l'empêchez de danser, vous pouvez bien le gronder aussi. (*Elle sort.*)

SCÈNE IV.

AGLAÉ, JUSTINE, BASTIEN.

JUSTINE, *à Bastien qui entre.*

Allons, Monsieur, venez donc, soyez sincère et dites, avec franchise, qui vous cherchez ici ?

BASTIEN.

Qui je cherche, Mademoiselle, c'est bien aisé à deviner.

JUSTINE.

Je ne devine rien, Monsieur. Parlez.

BASTIEN.

C'est une personne charmante, aussi jolie que vous, aussi aimable, aussi impatiente, en un mot c'est. . .

JUSTINE, *avec dépit.*

Eh bien ! ce n'est pas moi , avouez-le sans crainte , Aglaé seule. . . . .

AGLAÉ.

Que tu es injuste, mais c'est toi qu'il aime , allons tu as tort, plus de jalousie, qu'aucun chagrin ne vienne troubler une si belle journée, *(elle les prend par la main)* embrassez-vous. *(Ils s'embrassent.)*

BASTIEN.

Vous savez bien Justine que je n'aime et n'aimerai jamais que vous.

Air : *Si Pauline est dans l'indigence.*

Avant d'avoir connu Justine ,
De l'amour j'ignorais les lois ;
J'avais l'humeur sombre et chagrine,
Nuit et jour j'errais dans les bois ,
C'est là que j'apperçus le lierre
Naître et mourir sur l'arbrisseau :
Puis-je aussi de ma carrière
Présenter le même tableau.

JUSTINE.

J'y compte. . . . . si jamais vous deveniez inconstant, redoutez ma vengeance, et connaissez à l'avance quel est mon caractère :

Air : *Mon galoubet.*

Je veux danser ,   *bis.*
Rire, et narguer le jaloux qui soupire,
A ses devoirs le forcer de penser,
Sur tout son être exercer mon empire,
A chaque instant l'entendre me redire
      Veux-tu danser ?   *bis.*

Je veux chanter,   *bis.*
Dans mon maintien imiter la coquette,
Sans que jamais on m'ose résister,
Ni se permettre une plainte indiscrette,
Encore moins critiquer ma toilette.
      Je veux chanter.   *bis.*

Je fais danser   *bis.*
L'amant qui court après une autre belle ;
A mes genoux, je prétends le forcer
De me jurer de me rester fidèle ;
De ne jamais me traiter de cruelle ;
      Mais de danser.   *bis.*

BASTIEN.

Quoique ces conditions soient bien dures,
je m'y soumets, parce que je suis amoureux.

AGLAÉ.

Occupons-nous de la fête. Bastien vos Bouquets sont-ils préparés ?....

BASTIEN.

Oui, Mademoiselle.

AGLAÉ.

Je gage que vous avez réuni des fleurs sans choix et sans intention , au village on agit ainsi , un peu d'art ne gâte rien , surtout lorsqu'il sert à mieux exprimer le sentiment.

Air : *Pégase est un cheval qui porte.*

De fleurs un bouquet se compose;
Mais le choix en double le prix :
Du Laurier la gloire dispose ,
La Rose appartient à Cypris ,
L'amitié choisit l'Immortelle ,
Le Mirthe est pour l'amant parfait ,
Et du Français , brave et fidèle ,
Le Lys doit être le bouquet.

Il croit , sur la double colline ,
Un Laurier chéri d'Apollon ,
Que réserve sa main divine
Aux braves soldats d'un Bourbon :
Il appartient à qui sut prendre ,
Tour-à-tour , pour le mériter ,
Et les armes pour le défendre ,
Et la lyre pour le chanter.

BASTIEN.

Je ne vois pas d'inconvénient à cet arrangement , puisqu'il n'ôte rien au parfum de mes fleurs.

JUSTINE.

Oui, mais il augmente leur prix.

AGLAÉ, *à Justine.*

Répétons le pas que nous devons danser ce soir, Bastien prenez votre flageolet et jouez l'air que vous apprenez depuis *six mois.*

BASTIEN.

Volontiers, je commence à le savoir.

JUSTINE.

Je suis en place. (*Elle s'y met.*)

AGLAÉ.

Et moi également, (*Bastien prélude ; Aglaé danse un pas et dit ensuite à Justine*) à ton tour.

JUSTINE.

Je ne le sais pas encore bien , mais je vais essayer. (*Elle cherche à l'imiter et s'amuse à faire une charge.*)

AGLAÉ.

Ce n'est pas cela , tu viens de copier la manière de danser de cette *pincée* de Célestine , tiens, regarde, je vais recommencer , tâche donc de profiter de ma leçon.

2*

JUSTINE.

Allons je tâcherai de faire mieux. (*Elle danse et fait une autre charge.*)

AGLAÉ *impatientée.*

Encore une caricature, c'est trop fort, tu m'impatientes ; au reste c'est ton affaire, danse comme tu le voudras.

JUSTINE.

Tu as raison je ferai comme je pourrai, et l'on sera indulgent.

BASTIEN.

Croyez-moi, Mademoiselle Justine, restez vous-même, et vous damerez le pion à tout le monde.

AGLAÉ , *avec ironie.*

Vous êtes galant, et surtout bien poli.

BASTIEN.

Excusez-moi, Mademoiselle, l'amour me rend aveugle pour tout le monde ; lorsque Justine est quelque part, je ne vois qu'elle.

JUSTINE.

Il est naïf, aimable, amoureux..... j'en raffole. (*On entend du bruit.*)

AGLAÉ.

Qu'est-ce donc que ce bruit, serait-ce l'arrivée de Monseigneur ?

BASTIEN.

Je cours m'en informer.

SCÈNE V.

Les Précédens, CHARLOTTE, quelques Villageois.

CHARLOTTE.

Mes amis, suspendez vos jeux, vos préparatifs, il n'est plus de bonheur pour nous, pour vous surtout, Mademoiselle Justine, votre mariage avec Bastien est rompu, notre bon Seigneur est ruiné. Ce méchant marquis qui lui a suscité ce procès dont M. le bailli nous a parlé, l'a contraint de vendre cette terre, il en est lui-même l'acquéreur et vient aujourd'hui en prendre possession.

Air de la romance de Marini.

Tu disparais douce assurance
De revoir Louis aujourd'hui,
Hélas ! nous perdons avec lui
Et le bonheur et l'espérance ;

Mais dans ces lieux , matin et soir ,
Louis seul aura notre hommage ,
Si nous ne pouvons le revoir ,
Nos cœurs conservent son image.

JUSTINE.

Ah ! quel malheur ! qui s'y serait attendu ? quoiqu'il m'atteigne particulièrement , je ne vois que la ruine de Monseigneur. Car penser à mon chagrin , ce serait insulter à la tristesse publique.

AGLAÉ.

Certainement, si tout le monde connaissait comme nous la bienfaisance et les vertus de Monseigneur , la province entière prendrait le deuil.

CHARLOTTE.

Quel contretems. Le juste va ressentir le poids de l'adversité , et le méchant osera insulter à son malheur. Ce marquis va arriver, il verra nos préparatifs, il jugera sur l'apparence et croira que c'est pour lui que tout a été disposé. Ah ! si tout le monde pensait comme moi et voulait s'en rapporter à mon expérience ; ce beau marquis trouverait ici un accueil qui le forcerait à s'en retourner bien vîte d'où il est parti , et au moins sa présence sinistre ne doublerait pas notre douleur.

AGLAÉ.

J'imagine un moyen, écoutez-moi.

Air : *Vous avez des droits superbes.*

> Vraiment si vous voulez m'en croire,
> Vers lui loin de nous empresser,
> Nous allons lui faire une histoire
> Qui doit nous en débarasser :
> Disons-lui que dans ce domaine
> La mot exerce sa fureur,
> Et que nos mépris, notre haine
> Sont ici les droits du Seigneur,   *ter.*
> Sont ici les droits, les jolis droits du Seigneur.

En effet, il faut prouver aux méchans que puisque nous savons honorer la vertu, le vice ne reçoit pas notre encens, mon avis est que chacun aille se renfermer dans sa cabane, et que personne ne paraisse devant le nouveau maître. M. le bailli est à Paris, depuis deux jours, si M. le marquis prend de l'humeur on rejetera tout sur l'absent et nous dirons qu'aucun ordre n'a été donné.

BASTIEN.

Le mensonge est inutile ; en achetant cette terre le propriétaire actuel n'a pas prétendu, sans doute, faire l'acquisition de nos cœurs, qu'il imite, si cela est en son pouvoir, la conduite de Monseigneur, et nous tâcherons aussi, s'il est possible, d'avoir pour lui une partie de l'amour que nous avons voué à son prédécesseur. En conséquence, mes amis, n'allons pas au devant de son Excellence Monseigneur le marquis de la Rapinaudière, s'il s'en fâche, tant pis pour lui, quel mal plus affreux peut-il nous faire que celui que nous ressentons déjà ? le pouvoir entre les mains du méchant peut beaucoup certainement, eh bien! malgré cela, je le défie de me forcer à l'aimer.

AGLAÉ.

Hâtons-nous donc de défaire ces préparatifs et que le silence de la tristesse remplace les chants joyeux qu'occasionnent le retour de Monseigneur.

Air de l'Officier culevé.

De nos bouquets, de nos guirlandes
Nous laisserons faner les fleurs,
Oui, désormais, sur nos offrandes
Nous devons répandre des pleurs.
Remportez ces tributs sincères,
Ces tributs du plus tendre amour,
Nous perdons Louis en ce jour.　*bis.*
Hélas ! aux plus douces chimères,
Succèdent les larmes amères,
Tout doit gémir dans ce séjour.　*bis.*

JUSTINE.

Un pressentiment me dit qu'une bonne nouvelle effacera bientôt le malheur qui nous accable. Le ciel protège la vertu et ne laisse pas toujours triompher le crime, ne désespérons pas de l'avenir !

Air : Depuis longtems, gentille Annette.

Calmez enfin votre tristesse.
Eh ! faut-il donc pleurer sans cesse ?
Dans l'avenir, moi, je crois voir
Apparaître un rayon d'espoir ;
Jouissant d'un sort plus prospère,
Nous reverrons notre bon père
Il reviendra.
Fuyez, vaines alarmes ;
Amis, séchez vos larmes :
Un jour, un jour, Louis reparaîtra ;
Un jour, un jour, Dieu nous le rendra.

(On entend dans la coulisse ces mots :)

DINENVILLE, *(en dehors.)*

— Comment personne ici, valets, paysans, bailli, accourez-tous, votre Seigneur arrive parmi vous.

BASTIEN *s'avance vers la porte, regarde et revient en disant :*

C'est le Marquis, ô ciel ! qu'il est difforme, sauvons-nous. *(Ils sortent tous en courant.)*

SCÈNE VI.

DINENVILLE, *seul.*

(Il a un costume demi-militaire, un bras de moins, une jambe de bois et un œil caché par un bandeau.)

On fuit à mon aspect ! Quel accueil singulier ! tout annonce pourtant les préparatifs d'une fête et cependant personne, pour me recevoir. Il faut en convenir j'ai plutôt l'air d'un épouvantail que d'un Seigneur qui vient prendre possession de sa terre. D'après les événemens qui m'ont privé de la moitié de mon chétif individu j'ai voulu donner à ces mutilations une source plus honorable que ma gourmandise, or donc j'ai laissé croître mes moustaches, et je suis parvenu à me donner une certaine tournure entièrement militaire, avec cela :

Air : *Le Curé de Pompone.*

Du sort je ne crains nul affront,
Je brave ses caprices :
En montrant, du pied jusqu'au front,
Mes nobles cicatrices,

On croit en moi voir à l'instant
Un soldat indomptable ,
Je suis impotent ,
Et pourtant
Je n'ai servi qu'à table.

Pendant qu'un capitaine de vaisseau exploitait la mer du sud, sa femme se réclame d'un de mes bras pour la promenade : j'en avais deux alors , moi je suis l'obligeance personnifiée, elle avait d'ailleurs un excellent cuisinier, j'accepte ; à son retour le brutal de mari s'avise de trouver une autre cause à ma complaisance et la discussion devient tellement sérieuse qu'il m'enlève ce fragment. *(Il montre le bras qui est amputé.)* Un peu plus tard je veux prouver ma dextérité à faire sauter un bouchon de champagne : —*Pan!*— il part et envoye mon œil droit en émigration ; enfin il y a quelque tems que, voulant forcer un lièvre à la course , je tombe sur un rocher et je me décroche cette jambe : me voilà donc avec les respectables cicatrices d'un parasite de première classe ; et, semblable à ce vétéran de la gloire qui desirait un mortier pour cercueil, je souhaite pour tombeau une tonne de Madère sur laquelle on placera cette inscription :

Air de Préville et Taconet.

Ci gît , passant , un illustre modèle ,
Bien qu'il perdit un œil et plus qu'un bras ,
A ce principe il fut toujours fidèle :
« Il faut bien vivre , afin de mourir gras. » *bis.*

Très-bonne maxime !

Sans cesse à table , il passa ses années ,
Près de Comus , toujours en faction.
Pleurez , gourmands , craignez ses destinées ;
Car il mourut d'une indigestion.

J'apprends que le marquis a escamoté cette terre, qu'il devait en venir prendre possession aujourd'hui , et que dans ce village on lui a préparé une brillante réception. On m'instruit également que, mandé à la cour, il est menacé d'une disgrâce et que ce motif l'empêche de se rendre ici. Sur cet exposé mon esprit inventif me suggère l'idée d'y venir à sa place. Quel mal peut-on trouver à cela ? Comment faire un crime à un pauvre diable de venir s'asseoir à une bonne table, lorsque surtout il ne renvoye aucun des convives ? D'ailleurs si l'on s'avisait de m'adresser des reproches, ne puis-je pas répondre cette fameuse maxime de je ne sais quel philosophe : *ventre affamé n'a pas d'oreilles.* Tout est bien réfléchi, pas de remords, la balle est lancée, je tiens la raquette et je la reçois ; ainsi donc, Dinenville, sers-toi de ton effronterie habituelle, tout ira pour le mieux : mais je veux cependant, avant la découverte de ma ruse , abdiquer le marquisat de bon cœur, me démonseigneuriser moi-même , et courir ailleurs après un autre dîner, sous un titre moins pompeux que celui de marquis et avec un nom plus modeste que celui de la Rapinaudière.

Air : *Du Major Palmer.*

Au beau nom de *Dinenville*,
Je suis bien loin d'être sourd ,
Pourtant il serait facile
De me nommer *d'Argentcourt.*
Chez-moi , jamais de cuisine ,
Mais partout je suis admis ,
Et ceux chez lesquels je dîne
Sont alors mes bons amis.
À table j'ai la fortune
De celui qui me reçoit :
Sa soupe nous est commune ,
Et je bois le vin qu'il boit.
En dînant avec Dorante ,
Sans avoir le premier sou ,
J'ai vingt mille écus de rente,
Et là , j'en prends jusqu'au cou.
Je dîne mal chez un cuistre,
Très-bien chez tous les prélats ,
Et mangeant chez un ministre,
J'avalerais jusqu'aux plats.

Mon existence est fort belle !
Non , je ne changerais pas
Ma fortune contre celle
Du marquis de Carabas.   *bis.*

Quoiqu'il en soit, on ne peut m'avoir deviné.
Aucun de ces villageois ne connaît le marquis,
ils ne se doutent donc pas de ma supercherie.
Je ne veux, au reste, profiter de cette méprise
que pour prendre ma part d'un grand repas;
car il ne se donne jamais de fête sans qu'on
y trouve un copieux dîner, et dans ces oc-
casions plus d'un grand homme célèbre dut
sa renommée aux délices de sa table; par
exemple :

AIR : *Des nations de la terre.*

Des fameux héros de Rome
Je ne me souviendrais plus ,
Sans cet illustre et grand homme
Que l'on nommait Lucullus :
Philosophe épicurien ;
Ce généreux citoyen ,
Avec plus d'un plébéïen ,
Mangeait très-gaîment son bien.
Chez lui toujours bonne table ,
Et chaque met délicat ,
Dessert friand , délectable,
Arrosé par le muscat ;
Il employait ses loisirs
A raffiner les plaisirs ;
Chaque jour, nouveaux desirs
Offraient nouveaux élixirs ;

Ami constant de la gloire ,
Il encourageait les arts ,
Puis , aux champs de la victoire ,
Il imitait les Césars :
Il vainquit , vers l'Hélespont ,
Tigrane , ce roi de Pont ,
Pour lui voler , j'en réponds ,
Ses cerises, ses chapons.
Géographe, sur la sphère
 Il pouvait nous promener ,
 Mais sa carte la plus chère
Etait celle du diner.
Ah ! s'il vivait aujourd'hui
Sans doute on boirait chez lui
Tous les jours , toutes les nuits ,
Champagne , Madère et Nuits ,
En dévorant les volailles ,
Et de la Bresse et du Mans ,
Et chantant leurs funérailles
Sur leurs abattis charmans.
Là, versant un rouge bord ,
Trinquant, avec nous d'accord ,
Il nous servirait d'abord
Des Truffes du Périgord.
Afin que je me régale ,
Il pourrait bien dépêcher
La Male-poste à Cancale
Pour dépeupler le rocher.
Parmi les mets succulens ,
On verrait là , circulant
Mil hors-d'œuvres excellens
Et des pâtés d'Ortolans ,

3*

Une sage prévoyance
Là, réunirait toujours
De gros jambons de Mayence,
Pour étayer nos discours;
D'excellent macaroni,
De Parmésan bien garni,
Des crêmes à l'infini,
Des glaces de Tortoni,
De sucrés melons d'Espagne,
Des anguilles de Melun,
Des marons de la Limagne,
Et des bonbons de Verdun.
Hélas ! ce fameux héros
Dine-t-il chez Atropos?
Quoiqu'il en soit, sans repos
Je veux redire aux échos :
Des fameux héros de Rome
Je ne me souviendrais plus,
Sans cet illustre et grand homme
Que l'on nommait Lucullus.

J'entends venir quelqu'un, rentrons dans
mon rôle.

SCÈNE VII.

DINENVILLE, BASTIEN.

DINENVILLE.

Qui êtes-vous ? où sont mes gens ? que fait
le cuisinier ? pourquoi le bailli n'est-il pas en-

core accouru au devant de moi, avec tous mes vassaux sous les armes. Répondez , répondez donc ?

BASTIEN *intimidé*.

Mon. . . . , Monseigneur , personne n'était prévenu de l'arrivée de votre excellence.

DINENVILLE.

Quoi le bailli qui a tout fait disposer pour ma réception , n'a pas dit que j'arriverais pour dîner , et que je voulais que tout ici se ressentit de ma munificence ?

BASTIEN.

Non Monseigneur son excellence Monsieur le marquis de la Rapinaudière.

DINENVILLE , *le contrefaisant*.

Son excellence , Monsieur le marquis de la Rapinaudière , je ne tiens nullement à tous ces titres , parce que je suis la simplicité même , mais comme cependant il en faut un , appelez-moi tout bonnement Monseigneur. A présent que l'on connaît mon arrivée pourquoi ne vient-on pas ? c'est qu'on ignore combien je suis bon , sans doute. — Tout va changer de face , je n'ai acheté cette terre que pour faire le bonheur de ses habitans et que pour employer mes revenus à doter les jeunes filles, que pour rebâtir vos chaumières : tout croîtra ici à la chaleur active de ma bienfaisance.

Air : *Il me faudrait quitter l'Empire.*

> Le bonheur a la marche lente,
> Personne ne peut le nier ,
> Moi je le compare à la plante
> Qui réclame un bon jardinier ;   *bis.*
> Ce bonheur là, je le cultive,
> Par mes soins il est agrandi,   *bis.*
> Oui, le bonheur croît où j'arrive
> Comme une asperge en plein midi.   *bis.*

(*A part.*) Pas mal, Dinenville, c'est savoir à propos jeter ta poudre aux yeux , il en reste ébahi.

BASTIEN.

Monseigneur veut donc imiter Monsieur le comte que nous regrettons tant ; en faisant du bien, c'est le plus sûr moyen de nous rendre moins sensible le changement de maître.

DINENVILLE.

Paix là, mons raisonneur , si M. le comte a fait un peu de bien , j'en veux accabler mes vassaux. Ecoute mes projets : j'ai remarqué en passant que l'église de ce village était mesquine, je la ferai démolir et à sa place j'élèverai la rivale de S^t.-Pierre de Rome ; ensuite je fais creuser un vaste et large canal depuis mon palais jusqu'à la rivière et transformer la grande pièce d'eau du parc en un bassin qui recevra des vaisseaux marchands et afin que les travaux marchent aussi vîte que mes bienfaits, je ferai venir ici mon régiment, et mes soldats remueront les terres. Ce hameau deviendra rapidement une cité florissante, mes paysans seront alors de bons et riches bourgeois, chaque jour ils mettront le chapon à la broche, et ne voudront plus boire le vin du cru, ce qui sera fort avantageux pour le pays et plus lucratif encore pour le fisc.

BASTIEN, *à part.*

Mais Monsieur le Marquis fait le goguenard et a l'air de se moquer de moi ; retorquons ses magnifiques projets par le récit des bienfaits de M. le comte. (*Haut, avec un peu d'ironie.*) Ces promesses sont indispensables à réaliser, je l'annonce, avec confiance, à Monseigneur ; la cathédrale qu'il fera venir de Rome effacera le souvenir de l'hospice fondé par M. le comte ; le canal, portant des vaisseaux, remplacera avantageusement l'acqueduc qu'il a fait construire pour conduire l'eau à la fontaine de la place du village ; les soldats du régiment de votre Excellence suppléeront aux moissonneurs qui viennent nous aider dans nos travaux et qui emportent notre argent ; et quant aux chapons et au bon vin, ils vaudront mieux que le grenier de réserve, et que les distributions de commestibles qui se font tous les hivers au château.

DINENVILLE.

Vous faites le beau parleur, mon ami, vous croyez, sans doute, m'éblouir en déroulant devant mes yeux, ou plutôt mon œil, la petite liste des travaux de Pigmée que mon illustre prédécesseur a exécutés dans sa mesquine résidence ; apprenez, une fois pour toutes, mon cher, que je coule en bronze moi, et que cela dure des siècles, autant que les pyramides d'Egypte ; dans peu d'années j'aurai, ici, dans ce village, dans ce trou enfin, vous entendez, j'aurai surpassé les travaux d'Hercule, c'était un demi-dieu, je vous le dis en passant, quant à moi, j'ai la prétention de devenir une Providence toute entière pour vous tous, c'est clair cela, je pense, et doit suffire pour vous imposer silence.

BASTIEN.

Monseigneur a trop de bonté certainement, (*à part*,) je ne sais plus que penser, il me semble cependant que la bienfaisance parle un autre langage et que ce marquis promet trop pour tenir parole.

SCÈNE VIII.

Les Précédens, JUSTINE, AGLAÉ.

JUSTINE(*de la porte*).

Bastien, Bastien, (*Elle lui fait signe de venir.*)

DINENVILLE *les aperçoit et dit :*

Qui sont ces jeunes filles ?

BASTIEN.

Monseigneur, l'une est ma. . . . .

DINENVILLE.

L'une est votre prétendue, je comprends... Approchez, compagnes de Flore, votre Seigneur le veut. (*Elles s'aprochent en tremblant et les yeux baissés.*) Banissez toute crainte je viens dans mes domaines avec de bonnes intentions pour vous ; mais vraiment elles sont charmantes ! pourquoi baisser les yeux, (*A Aglaé*) si vous n'êtes pas mariée, la belle enfant, je vous chercherai un époux.

AGLAÉ.

M. le marquis, je ne charge personne de ce
soin, je le prends moi-même, et je n'accep-
terai pour mari que celui que mon cœur aura
choisi.

DINENVILLE.

Cependant si je voulais bien. . . mais nous
verrons cela plus tard car à la première vue ,
j'avais conçu le projet de vous unir à l'un de
mes baillis.

AGLAÉ.

Tous les baillis, de vingt lieues à la ronde,
ne me tenteraient aucunement , s'ils em-
ployaient le ton d'autorité de certaines per-
·sonnes. . . . . (*Elle le regarde fixement en
disant cela.*)

DINENVILLE.

Quant à vous , objet séduisant, (*il se rap-
proche de Justine et lui prend la main,*) je
devine quel est le mortel heureux qui vous
captive. (*Il veut l'embrasser.*)

BASTIEN *se place vivement entre Dinenville et Justine , puis il dit au premier :*

Pas si vîte, M. le marquis, Monseigneur ne
nous a pas accoutumé à ces familiarités. I

n'existe sur cette terre aucun droit qui autorise
le Seigneur à prendre de semblables licences.
Changez donc, M. le marquis, et vos manières
et votre langage.

DINENVILLE.

Qu'est-ce à dire, de la jalousie, de la colère
et oser prendre ce ton avec moi; retenez
votre langue impertinente, ou je saurai vous
en faire repentir.

JUSTINE, *bas, à Bastien.*

Contenez-vous, Bastien, craignez sa vengeance; je frémis déjà de vous avoir exposé à
son courroux.

SCÈNE IX.

Les Précédens, un Paysan.

LE PAYSAN.

Ah, mon Dieu! quelle heureuse nouvelle
nous venons d'apprendre! allons, plus de tristesse, retrouvons notre gaîté, puisque notre
bon Seigneur va. . . . .

JUSTINE, *avec vivacité.*

Quel égoïsme et quelle ingratitude! quoi,
avoir déjà oublié Monseigneur et ses bienfaits!

Le Paysan.

Ah ! que non , bien au contraire , c'est pour le fêter que j'accours.

DINENVILLE.

Mais que voulez-vous dire ?

Le Paysan.

M. le bailli va vous conter tout ça ; c'est lui qui nous a apporté la nouvelle de Paris.

DINENVILLE.

Quelle nouvelle ?

(On entend crier : vive Monseigneur !
vive Monseigneur !)

SCÈNE X.

Les Précédens , le Bailli , CHARLOTTE , les Villageois , *avec des bouquets à la main.*
Pendant cette scène , on en distribue à
tous les acteurs , excepté à Dinenville.

DINENVILLE *au Bailli.*

Enfin bailli vous voilà arrivé , c'est fort heureux , vous avez bien tardé à remplir vos de-

voirs ; rendez grâce au ciel que je sois la bonté
en personne, autrement... je vous pardonne ,
mais je vous enjoins d'avoir plus d'exactitude
à l'avenir , je récompense et je châtie dans
l'occasion , entendez-vous bailli ? et retenez
bien cette leçon que je ferais beaucoup plus
longue si je n'étais aussi pressé de me mettre
à table.

LE BAILLI.

Je me pique d'exactitude, et mon devoir...
(*Il fixe Dinenville et dit à part.*) Ce n'est
pas M. le marquis , quel est ce personnage ?

DINENVILLE.

Trève de discours , qu'on serve à l'instant
le dîner.

AIR : *Regard vif et joli minois.*

Morbleu , quand aurez-vous fini
Vos discours et vos commentaires !
Sans avoir l'estomac garni
Peut-on jamais parler d'affaires ?
De tant d'ennuis dont je suis las,
Ça, qu'un bon dîner me console,
Bientôt chacun dira tout bas ,
Vers les débris de mon repas ,
Que nous reste-t-il , *(bis)* la parole.

LE BAILLI , *bas.*

Je vais te servir un plat de mon métier ,

(*haut*,) impossible il n'y a rien de préparé au château. D'après ce que j'entends dire, depuis mon retour, sur la bienfaisance de votre excellence, j'ose espérer qu'elle n'en sera pas étonnée. A quoi bon dépenser autant d'argent en repas ? une famille venait d'éprouver un grand malheur et j'ai cru devoir employer pour la secourir la somme qu'aurait coûté le gala. (*A part.*) Le voilà pris au piège.

DINENVILLE.

Certainement faire le bien, c'est remplir mes intentions paternelles, mais je n'entends pas me passer de dîner, ainsi que l'on me serve au moins une bonne collation.

Le Bailli.

Il faut attendre les ordres de Monseigneur.

DINENVILLE.

J'ai parlé, qu'on m'obéisse.

BASTIEN, *avec malice.*

M. le bailli, Monseigneur n'aime pas les observations, et si vous saviez tout ce qu'il veut faire en notre faveur, si vous connaissiez les projets que son Excellence veut réaliser

pour notre bonheur et sa gloire personnelle ,
vous n'hésiteriez pas à lui obéir. Apprenez
donc qu'avant peu, le proverbe *qui n'a pas
vu Paris n'a rien vu*, sera remplacé par
celui-ci : *qui n'a pas été au palais de la
Rapinaudière n'a rien vu de beau, de ma-
gnifique et d'utile.*

Le Bailli.

Mais Monsieur n'est pas le Seigneur de
cette terre.

DINENVILLE *étonné.*

Comment je ne suis pas le Seigneur , mais
n'êtes vous pas prévenu que je représente M.
le marquis, vous devez savoir aussi que quand
je parle c'est comme si c'était lui-même , (*à
part ,*) l'action s'embarasse, cet homme là
est difficile à manier.

Le Bailli.

Monsieur le marquis peut bien vous avoir
envoyé ici lorsqu'il y commandait , mais tout
est changé , Monsieur , et moi au nom de
Monseigneur qui est le seul et légitime maître
du château , je défends de rien faire de ce que
vous demandez.

DINENVILLE.

Comment , bailli. — C'est passer la plai-

santerie et je vous le répète, les ordres de son
excellence. . . . .

LE BAILLI, l'interrompant.

Je vois qu'il faut que je vous instruise, Monsieur, de ce qui vient de se passer : Le méchant
marquis a été démasqué et le Roi a rendu pleine
et entière justice à qui de droit. Monseigneur
le comte Louis reste propriétaire de sa terre,
l'acte de vente, fruit de la fraude, est annullé,
notre légitime Seigneur suit mes pas et vient
rendre un père à ses enfans.

(Les Paysans crient trois fois : vive Monseigneur le comte Louis !)

JUSTINE, à Charlotte.

Je serai donc mariée, nous allons revoir
notre bon Seigneur, quelle heureuse journée !
je savais bien que mes pressentimens ne me
tromperaient pas !

CHARLOTTE.

Oui, Mademoiselle, Monseigneur le comte
est attendu et remplira sa promesse.

BASTIEN.

Ainsi tout est réparé et, grâces à Dieu,
nous ne changerons pas d'état. Avec ironie,

à Dinenville.) Monsieur le chargé d'affaires de Monseigneur le marquis de la Rapinaudière, vous allez donc empêcher et les projets et les bienfaits, et surtout les manières un peu trop cavalières ? Plus de cathédrale, plus de de canal, plus de port, etc., etc. N'est-ce pas Monsieur ?

AGLAÉ.

Il aurait eu beau faire, et fut-il venu à bout de métamorphoser ce village en une huitième merveille du monde, jamais il n'aurait pu nous faire oublier notre bon Seigneur.

Air : *Aussitôt que je t'aperçois.*

Je vous le dis naïvement,
 Il a fait ma conquête ;
Mais c'est avec le sentiment
 Que j'acquitte ma dette.
Il faut aimer sa probité
Et ses vertus et sa bonté.
C'est bien le sort le plus prospère
Que de le chérir comme un père,
Ah ! si vous l'osez *(bis)* tous je crois
Vous en direz autant que moi.

CHARLOTTE.

Monsieur, sans craindre de déroger voudrait-il danser le menuet avec moi ?

Air du menuet d'*Exaudet.*

Je sais bien
Oh ! combien

De distance ,
Devrait m'éloigner de vous ,
Mais puisqu'enfin chez nous
Chacun entre en cadence :
Monseigneur ,
Sans aigreur ,
Je m'avance ,
Voulez-vous , de bonne foi ,
Commencer avec moi
La danse ?

Je ne suis plus très-jolie ,
Et du tems de la folie
A mon cœur
La douceur
Est ravie ,
Mais un instant de plaisir
Peut encor embellir
Ma vie.

Je sais bien
Oh ! combien
De distance ,
Devrait m'éloigner de vous ,
Mais puisqu'enfin chez nous
Chacun entre en cadence :
Monseigneur ,
Sans aigreur ,
Je m'avance ,
Voulez-vous , de bonne foi ,
Commencer avec moi
La danse ?

DINENVILLE.

Vous êtes une folle ma mie. *(Bas.)* Il faut louvoyer. *(Haut.)* Je suis charmé d'apprendre tout cela, et je reste pour joindre mes félicitations aux vôtres. M. le bailli voudra bien me le permettre, quand il saura qui je suis, que je payerai mon écot et que personne n'est plus que moi le très-humble valet de Monsieur le comte.

LE BAILLI.

Mais, en effet, Monsieur, qui êtes-vous, et que voulez-vous ?

DINENVILLE *à part.*

Je vais donc dire la vérité une fois dans ma vie. *(Haut.)* Je m'apelle Dinenville, chevalier de *Pique assiette*, etc. etc. Je suis Normand d'origine et né en Gascogne, près du petit castel de Crac. Je supprime la nomenclature de tous mes autres titres, la modestie fut toujours la base de mes discours, et je rougirais si j'en disais davantage. Tout le monde me connaît dans la capitale, on me trouve dans toutes les fêtes. Chez les nouveaux ministres, au foyer de l'opéra, à la bourse de deux à quatre heures, dans les galeries du Palais-Royal de quatre à six heures et enfin aux enterremens, les grands

enterremens s'entend ; j'ai pour cela **inventé**
un moyen aussi agréable qu'il est écono-
mique, je vous le ferai connaître au dessert.
Vous savez maintenant ce que vous avez à
faire, M. le bailli; quant à mon écot je **suis**
un homme de parole et voici de quoi le payer.
*(il tire de sa poche un rouleau de papier le
remet au bailli et lui dit)* Prenez-cela , M.
le bailli, c'est du bon, je vous le donne en
confiance.

Le Bailli *ouvre le rouleau , l'examine et
dit au parasite , en le lui rendant :*

Ce sont des chansons , reprenez ces chef-
d'œuvres, Monsieur , nous n'empruntons pas
l'esprit d'autrui pour exprimer notre joie, le
cœur seul est admis à chanter Monseigneur ,
vous comprenez alors que vos couplets, étant
des selles à tous chevaux, ne peuvent nous
convenir ; mais rassurez-vous cependant, cette
journée ne doit voir que la honte **et le châti-**
ment des méchans , et je ne vous fais **pas**
l'injure de vous compter du nombre; **banissez**
toute crainte, il y aura place à table **pour**
vous.

DINENVILLE.

Heureux dénoument, je reprends mes chan-

sons, puisque vous l'exigez absolument, mais j'espère qu'il ne me sera pas interdit de chanter un petit couplet.

Air : *Ces Postillons sont d'une maladresse.*

Ce nom cruel, ce nom dur : invalide
Semble nous dire il n'est plus bon à rien,
Pourtant, Messieurs, quand le plaisir me guide,
    Je chante encor, et je bois bien.
Quoique frappé par un destin funeste,
Je puis toujours, pour fêter Monseigneur,
Bien employer le côté qui me reste,
    C'est le côté du cœur.   *bis.*

(à part.) C'est je crois se tirer joliment d'affaire.

Il parcourt le théâtre, comme s'il était enchanté de sa personne, et fait l'aimable auprès d'Aglaé et de Justine.

SCÈNE XI.

Les Précédens , quatre jeunes Villageoises habillées en Rosières.

Une toile se lève dans le fond du théâtre , et l'on voit le portrait du comte Louis ; alors tous les acteurs se rangent à droite et à gauche de la scène. — Entrée d'un quadrille composé de quatre Villageoises ; elles dansent un pas sur l'air : Oh ma tendre musette ; *et elles placent au pied du tableau une couronne de lauriers.*

LE BAILLI.

Monseigneur ne peut tarder d'arriver , il bannit toute étiquette et vient comme un bon père se mêler au milieu de ses enfans ; reprenez vos jeux, mes amis . goûtez la joie la plus pure et chantons nos couplets, je vous en donnerais bien l'exemple, mais malheureusement je n'ai pas de voix , et l'un de vous me suppléera ; voici mon couplet Bastien , chantez-le à ma place.

BASTIEN.

Volontiers, M. le bailli. (*Il prend le couplet et le chante.*)

Air de *Julie ou le pot de fleur.*

Lorsque l'on veut couronner la Rosière,
C'est moi, Bailli, qui doit la présenter,
Et la plus sage est toujours la première
   Qu'en ces lieux je viens consulter.
Oui, j'en conviens, quand je fais mon enquête
De trop d'attraits mes yeux sont éblouis,
Mais j'y vois clair, en couronnant Louis :
   Des vertus ce jour est la fête.   *bis.*

Un Paysan.

Tel que du ciel un sinistre nuage
Détruit l'azur et la sérénité.
Un nouveau maître allait de ce village
   Pour jamais chasser la gaîté.
Louis paraît, dissipe la tempête,
Et de plaisirs nos cœurs épanouis
Vont éprouver qu'ici, près de Louis,
   Chaque jour est un jour de fête.   *bis.*

CHARLOTTE.

Ce bon Seigneur rentre dans sa famille,
Du vrai bonheur renaissent les instans,
Dans tous les yeux, comme la gaîté brille,
   Ah ! que n'ai-je, hélas ! que vingt ans !

Dans mon jeune âge, il eût fait ma conquête,
Quoique ces tems se soient évanouis ,
Je rajeunis encor près de Louis ;
    Et je veux danser à sa fête.   *bis.*

BASTIEN.

Je m'écriais, dans ma douleur mortelle :
Eh ! quoi, jamais je ne me marirai ?
Plus de bonheur pour moi près de ma belle ;
    Mais je l'épouse.... et j'en aurai.
En attendant ne perdons pas la tête ,
De mon hymen , quand je me réjouis ,
N'oublions pas que je dois à Louis
    Le plus doux moment de la fête. *bis.*

JUSTINE.

Que l'amitié , que la reconnaissance ,
En ce beau jour anime nos accens ,
Chacun de nous connaît sa bienfaisance ,
    Et lui doit quelques grains d'encens ;
Le malheureux , vers lui.... mais je m'arrête !
Ne vantons pas ses bienfaits inouis ,
La modestie habite avec Louis :
    Amis ! ne troublons pas sa fête.   *bis.*

UNE PAYSANNE.

Qu'un intrigant trente fois dans sa vie
Change d'habits, de langage et de ton,
Qu'il veuille enfin, dans sa folle manie
    Grimper le char de Phaëton :

(51)

Que des honneurs, il atteigne le faîte,
Qu'il tombe ensuite, et je m'en réjouis;
Mais quand je vois le bonheur de Louis,
    Chaque jour est un jour de fête.   *bis.*

DINENVILLE.

Prenant le nom, l'esprit et le langage
De plus d'un fat qu'on rencontre ici bas,
Voulant passer pour un grand personnage,
    J'espérais faire un bon repas.
Ce projet là n'était, ma foi, pas bête,
Mais, c'en est fait, je ne suis plus marquis.
Grâce pourtant au bon cœur de Louis,
    Je pourrai dîner à sa fête.   *bis.*

(Ces deux derniers vers sont dit avec mystère.)

AGLAÉ.

Mes bons amis, secondez notre envie,
Et répétez tous nos joyeux refrains,
Au bon Louis venez, l'âme ravie,
    Offrir des fleurs à pleines mains.
Que l'amitié dans ce beau jour apprête
Le verd laurier, l'immortelle et le lys :
Pour couronner le bien aimé Louis,
    Tous les bons cœurs sont de la fête. *bis.*

SCÈNE XII et DERNIÈRE.

Les Précédens, un Paysan.

LE PAYSAN.

M. le bailli , voici une lettre qui m'a été remise pour vous , et qu'on dit pressée.

LE BAILLI *ouvre le paquet , et lit :*

« M. le bailli, vous avez annoncé que ceux
» qui avaient un bon cœur étaient admis à
» célébrer les vertus du maître de ce château,
» voici mon léger tribut, je vous prie de
» faire chanter ces couplets à la fête de
» Monseigneur. »

Volontiers; mais qui s'en chargera? (*Il s'a-dresse aux villageois.*)

DINENVILLE

Ce sera moi, M. le bailli, si vous le per-mettez; j'ai beaucoup à réparer, et je tâcherai de bien faire , si vous êtes content, vous ap-plaudirez ensuite à la muette : donnez-moi le ton, messieurs, de la musique ?

(*On exécute le prélude.*)

Air de M. Louis Balochi.

Toujours compagnon de l'honneur,
Le Lys chéri de la victoire,
Proscrit, dans un tems de malheur,
S'eloignait des champs de la gloire :
Viens dans mon camp, dit un guerrier,
Viens, du Français fleur adorée,
En ces lieux ta tige est sacrée,
Tu dois fleurir près du Laurier.   *bis.*

Sans cesse et dans tous les climats,
Le Lys loin de courber sa tête,
Frappé des vents, des noirs frimats,
Bravait la foudre et la tempête :
Le noble sang d'un Chevalier
Arrosait une fleur si chère,
Et sur une plage étrangère
Le Lys fleurit près du Laurier.   *bis.*

Heureux de vaincre pour son Roi,
Le preux conserve sa franchise,
A ses amis garde sa foi,
Et prend loyauté pour devise,
On voit partout ce vrai guerrier,
Aimé de Mars, chéri des belles,
Unir en palmes immortelles
Le Lys, le Myrthe et le Laurier.   *bis.*

(On crie : vive Monseigneur le comte
Louis !)

DINENVILLE.

Paix donc, silence, il y a **encore un** couplet, c'est celui d'envoi et il peut trouver ici sa place.

(Dinenville prend alors un gros bouquet, se place de manière à regarder le portrait sans tourner le dos aux spectateurs , et quand il a fini de chanter , il va déposer le bouquet au pied du portrait.)

> Tes ayeux suivaient de Henri
> Et le panache et la bannière :
> Ainsi qu'eux pour un roi chéri,
> Tu sus briller dans la carrière.
> Bon Français, et preux Chevalier,
> Tu sauvas nos fleurs protectrices ,
> Louis tes nobles cicatrices
> Sont couvertes par le Laurier.   *bis.*

On tire des boîtes.

DINENVILLE.

Ces applaudissemens sont trop bruyans et j'avais demandé. . . . .

Le Bailli.

Vous prenez le change, monsieur Dinenville, ces boîtes annoncent Monseigneur, courons tous au devant de lui , qu'il jouisse de notre bonheur , en voyant que la fin de ce jour a séché les pleurs de la matinée.

CHŒUR.

Air de M. Louis Balochi.

Avec alégresse ,
Que chacun s'empresse ,
Et de tout son cœur,
A fêter notre bon Seigneur ;
Prouvons-lui tous avec ardeur
Notre tendresse.   *bis.*

Après ce chœur , les villageois et villageoises vont se gro..... ..... pied du tableau.

FIN.